¡Feliz como una lombriz!

Craig Klein Dexemple

www.spanishcuentos.com

Note from the Author: Thank you for picking up a copy of my book. I hope you will enjoy reading and learning from it. As a comprehensible input and storytelling Spanish teacher, it brings me great joy to share my classroom stories with you. If you need to reach me, don't hesitate to email me at profeklein@spanishcuentos.com

Book designed by Craig Klein Dexemple. Illustrations, interior design and cover adaptations by Diana Lucia Peña Pachón.

www.spanishcuentos.com

ISBN 978-1-7339217-3-2

CONTENIDO

Parque principal de Bochalema, Norte de Santander, Colombia - Parroquia Sagrado corazón de Jesús y antiguo árbol Samán.

"Dedicado a mi pueblo y a mi gente que, a pesar de las adversidades, siempre encuentra la manera de sonreírle a la vida".

Craig Klein Dexemple

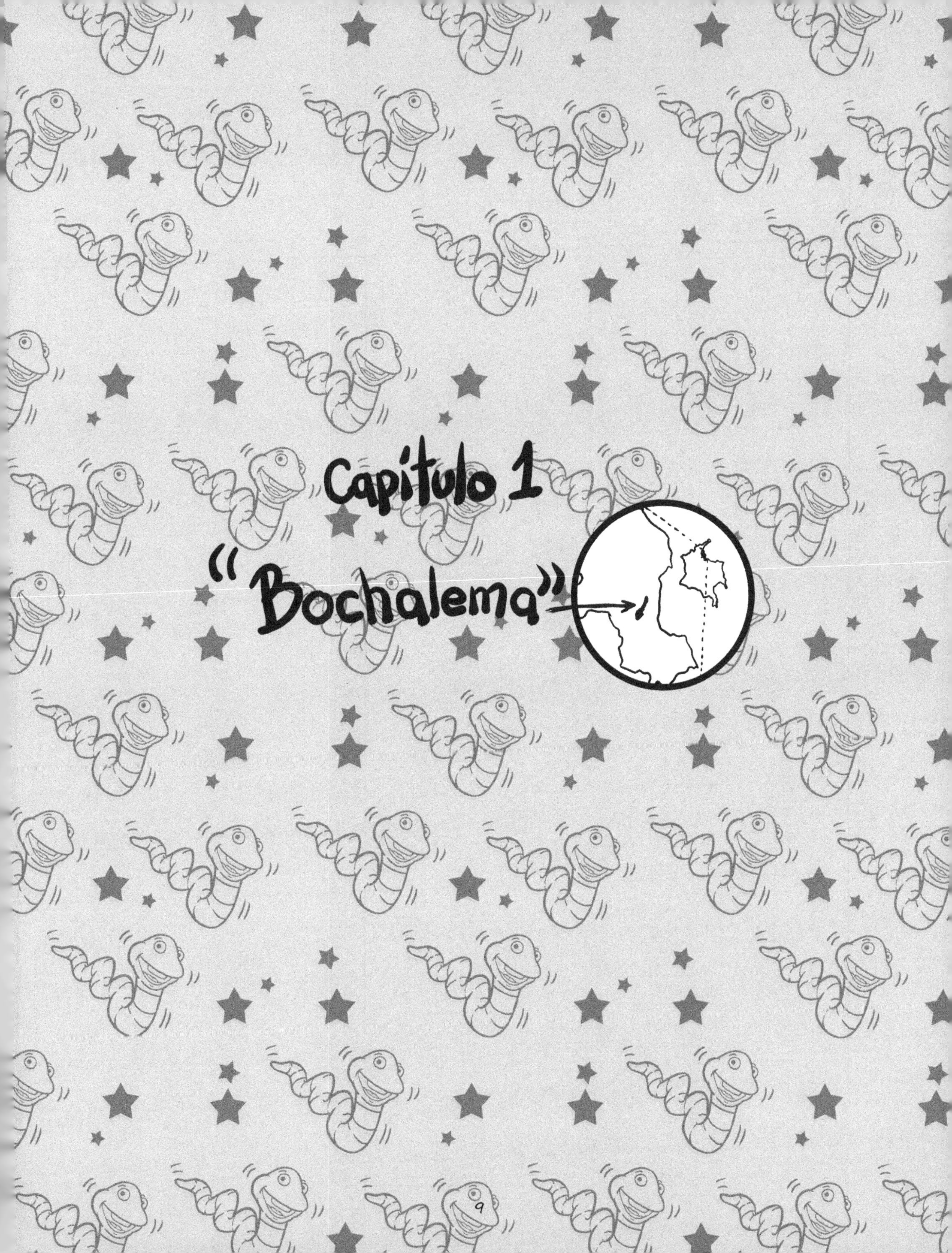
Capítulo 1
"Bochalema"

Mar Caribe

Colombia

OCÉANO PACÍFICO

Sudamérica

Hay un - There is a

El pueblo se llama Bochalema.
BIENVENIDOS
A
BOCHALEMA

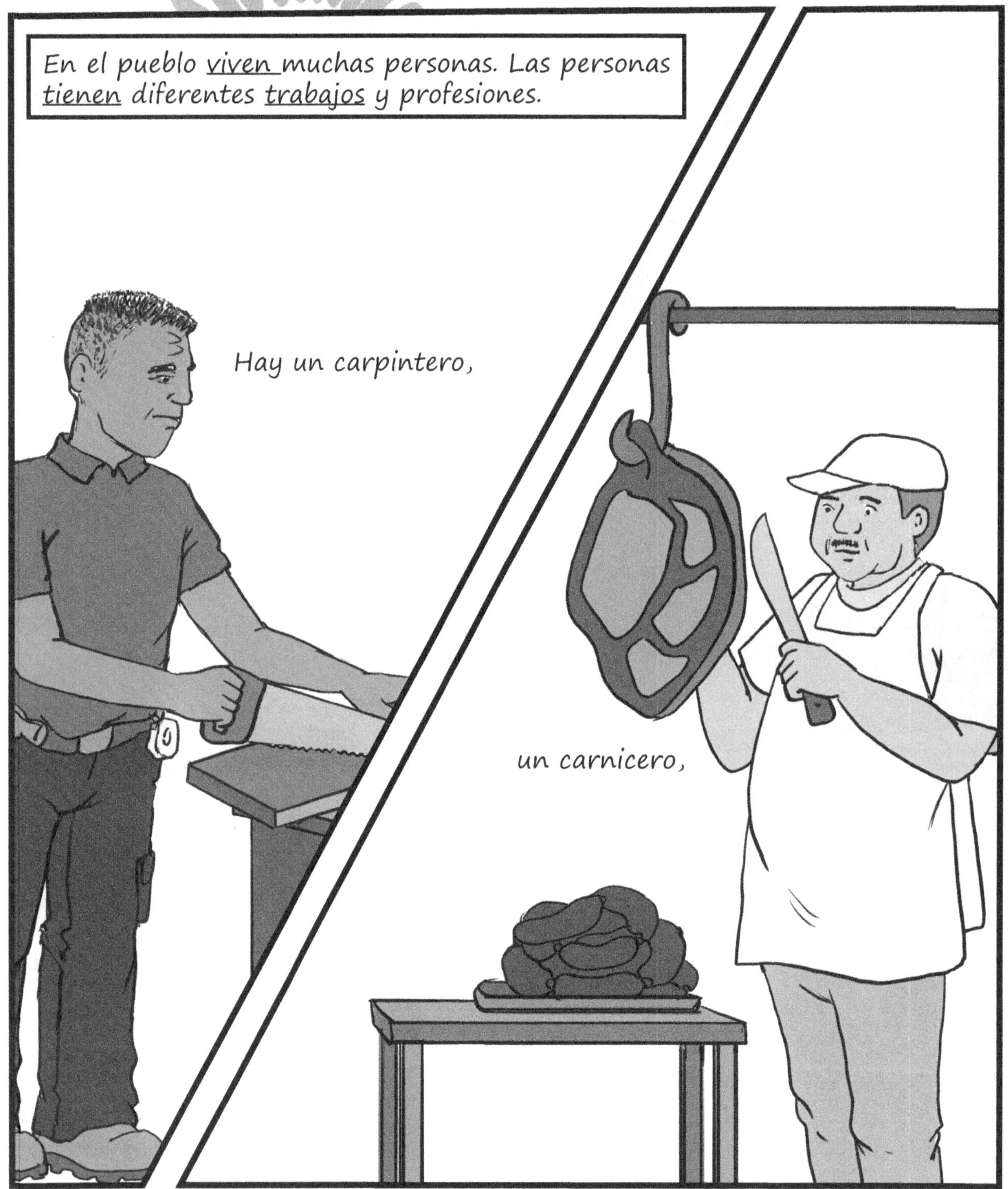

Viven – *live (plural)*
Tienen – *They have*
Trabajos – *Jobs*

Arrieros - Muleteers (People who drive mules).

tres monjas,
un heladero,

un taxista,
TAXI
SERVICIO PÚBLICO
IHH 34
una secretaria,
un pintor,

una enfermera,
un payaso,
un peluquero,

Pesista - Weight lifter

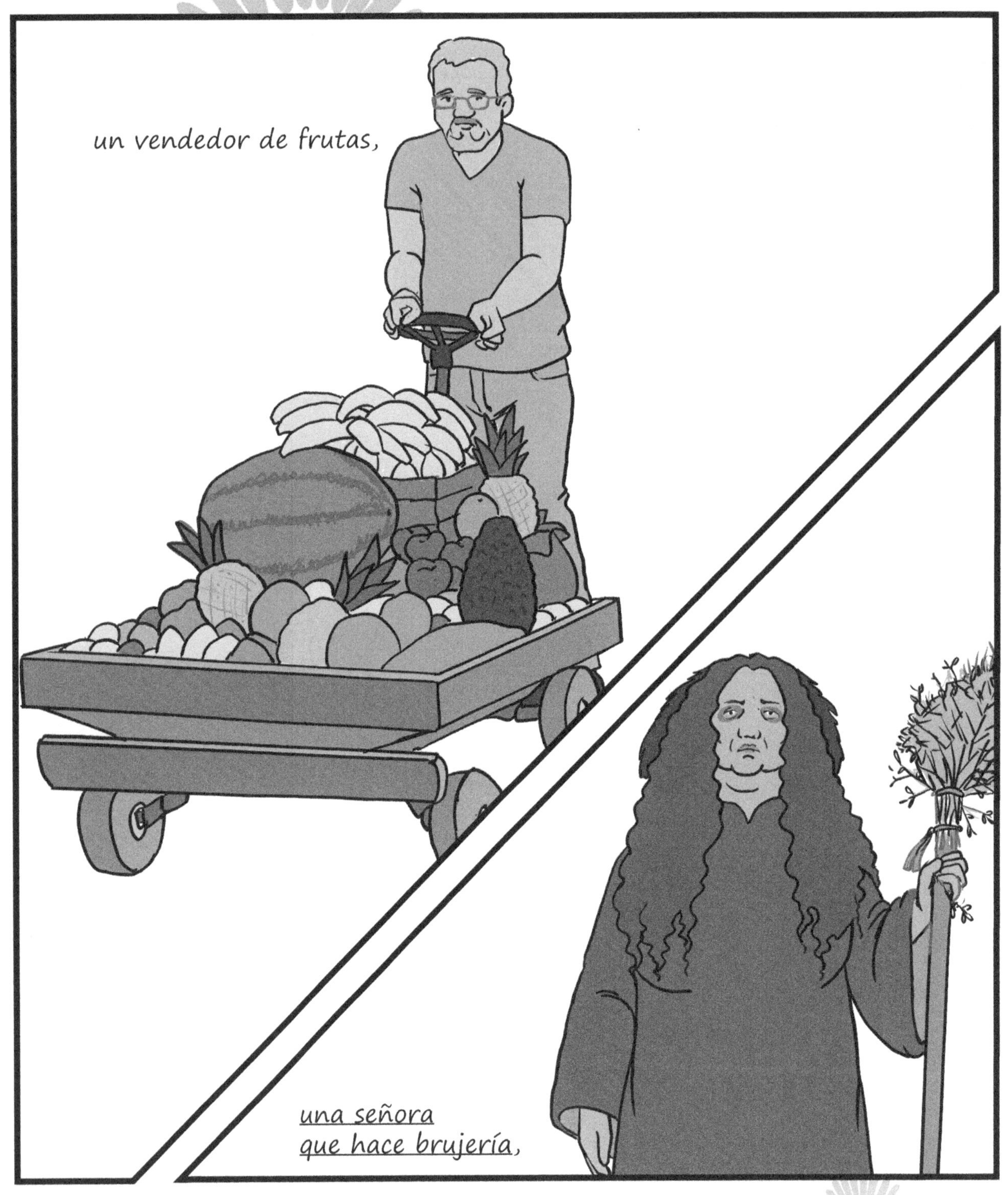

Una señora que hace brujería - A lady who does witchcraft.

Torero - Bullfighter

Periodistas - *Reporters*

ocho profesores,
¿Dónde está Andrés?
muchos estudiantes,

Turista estadounidense - *American Tourist*

Panadera - *Baker*

Escritor - *Writer*

En Bochalema hay una panadería.
PANADERÍA

Mañana - *Morning*

Baila porque está feliz - *Dances because she is happy.*

De repente - *Suddenly*

Quiere comer - *Wants to eat*

Bailando - *Dancing*

Ve - *Sees*

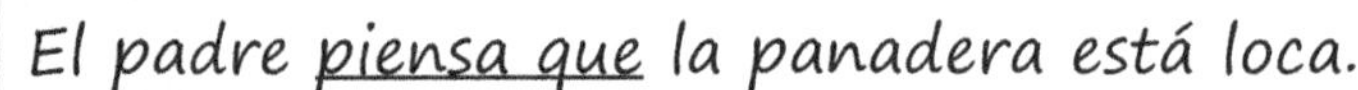

Piensa que - *Thinks that*

No importa lo que piense - *It doesn't matter what he/she thinks.*

También - Also

La panadera le ofrece un pan al padre.

Eh...
¡Gracias!

¡Qué asco! – ¡How disgusting!

El padre no está contento y sale de la panadería.

No está contento - *Is not happy*

Sale - *Leaves*

Capitulo 2
"La monja feliz"

Convento – *Convent (A community of nuns).*

Aburrido - *Boring*
Prende - *Turns on*

Escucha - *Listens to*

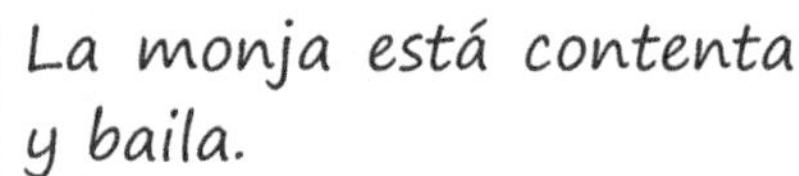

Baila porque está contenta – *Dances because she is happy.*

De repente, el padre entra al convento.
El padre ve a la monja y está muy sorprendido.
¿Qué?
¡Está loca!

No importa lo que diga – It doesn't matter what he says

¡FUISHH!
¡PUM!
¡CRAC!

Apaga el fuego y llama por teléfono a la ambulancia.

Apaga - *Turns off/puts out*

Capítulo 3
"La enfermera irresponsable"

En Bochalema hay un hospital pequeño.
URGENCIAS
HOSPITAL

Está aburrida - Is bored
Juega - Plays
Finalmente - Finally

La enfermera examina al paciente.

¿Qué?

No soy - *I am not*

Busca - *Searches*

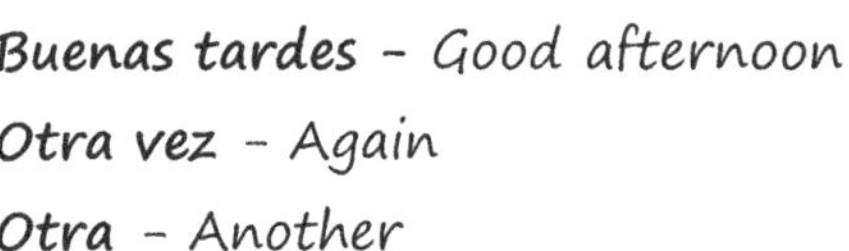

Buenas tardes - *Good afternoon*
Otra vez - *Again*
Otra - *Another*

Está mal - *He is not well*

Ay no - *Oh no*

Está muerto - *Is dead*

Busca de nuevo - *Searches again*

Funeraria - Funeral home
Lo siento - I'm sorry

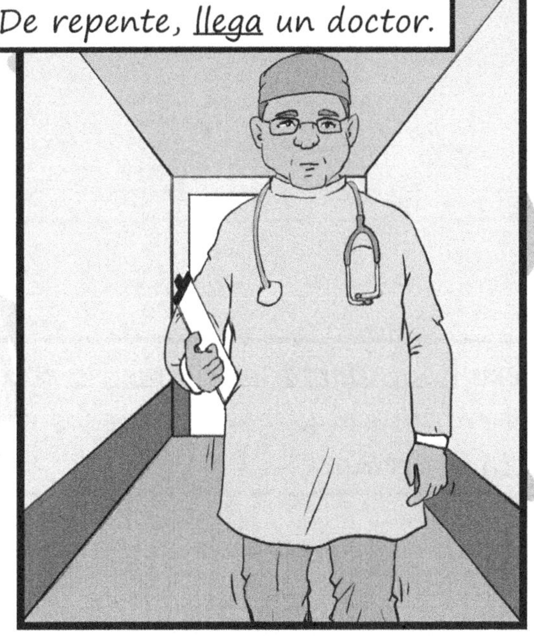

Llega - Arrives

Jugando - Playing

No importa lo que piense - *It doesn't matter what he thinks*

Capítulo 4

"La Sala de Operaciones"

Sala de operaciones - *Operation room*

¡Enfermera!
Es hora de la operación.
¿Dónde está
el paciente?

Es hora de la operación - *It's time for the surgery.*
¿Dónde está el paciente? - *Where is the patient?*

La enfermera juega videojuegos y no responde.
¿Dónde está el paciente?
La enfermera juega videojuegos y no responde.

¡Eres una enfermera irresponsable! ¿Dónde está el paciente?

¿?
¿Qué paciente?

Eres - You are

Trece - Thirteen

No sé - I don't know

Busca - Search for

Ahora - Now

La enfermera corre y busca por todo el hospital.

Corre - Runs
Por todo - All over

Sala de espera - *Waiting room*

Alguien me puede decir quién es – *Can someone tell me who is*

Los pacientes no responden. Juegan videojuegos en sus teléfonos.
¡Paciente número treceee!

Los pacientes no responden. Juegan videojuegos en sus teléfonos.
¿Alguien me puede decir quién es el paciente número treceee?

Finalmente los pacientes escuchan...
¡Yo soy el paciente número trece!

Yo soy - I am

Es tu turno – *It's your turn*

Capítulo 5

"El paciente está loco"

Lleva - *takes*

El paciente está nervioso.
Ve los instrumentos para la operación.

¡El paciente está muy nervioso!

¿?
¡El paciente decide escapar!

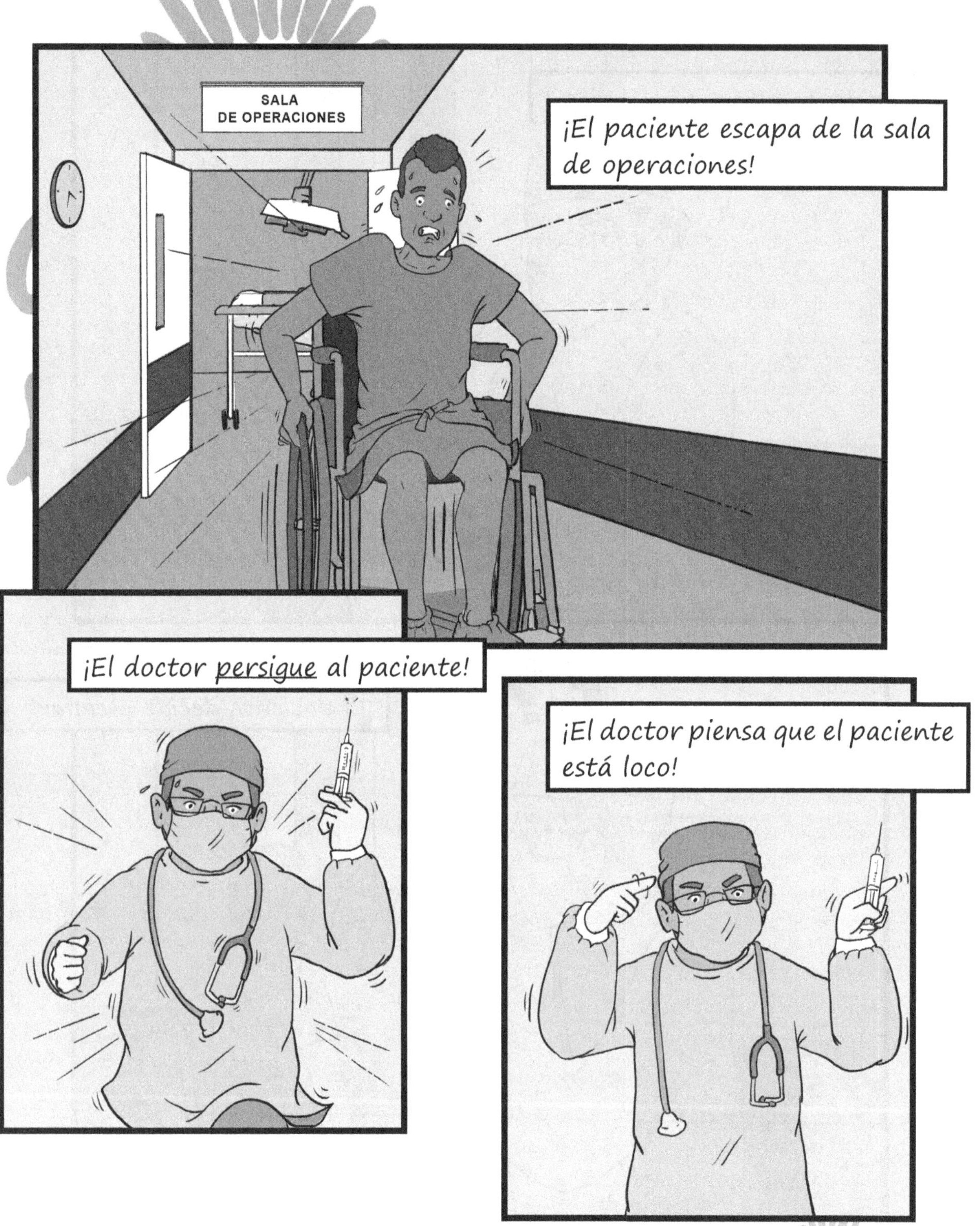

Persigue - *Chases*

Pero no importa lo que piense el doctor. El paciente escapa porque está nervioso.

Lo ve – *He/She sees him*

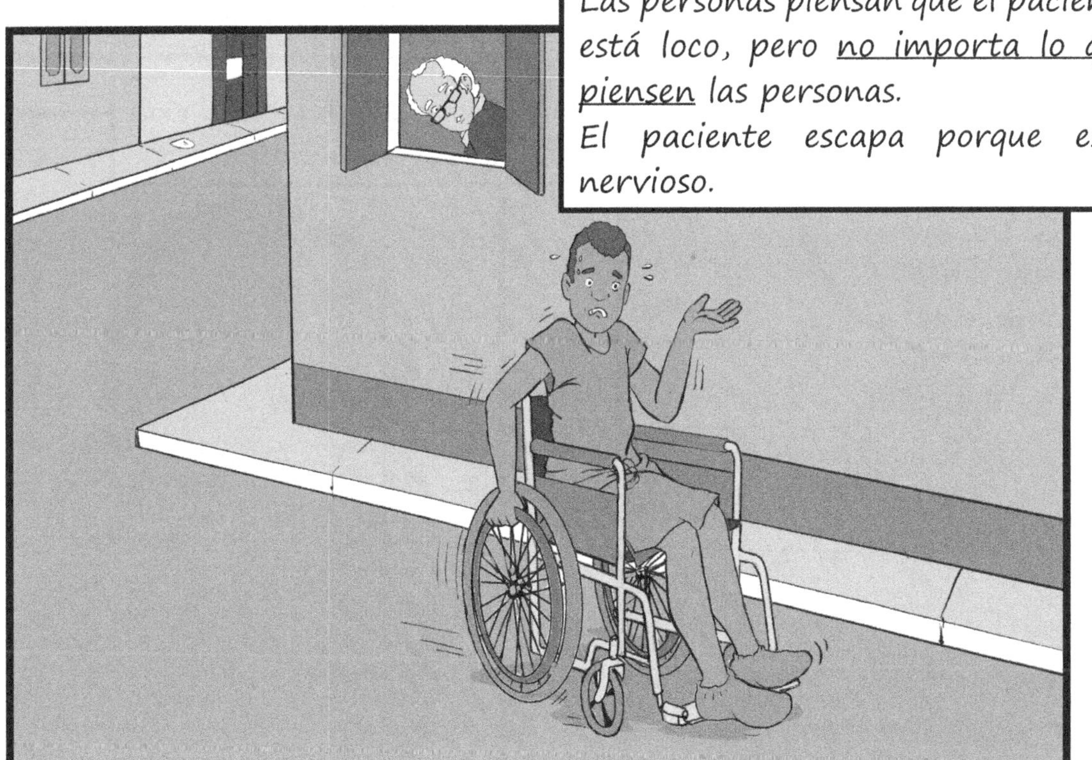

No importa lo que piensen – *It doesn't matter what they think*

Necesito - I need

Quiero ser - I want to be

Se toma - Drinks

El doctor no ve al paciente y está confundido.

¿?

Capítulo 6

"La parada de bus"

La enfermera sale de su trabajo en el hospital de Bochalema.
URGENCIAS
HOSPITAL

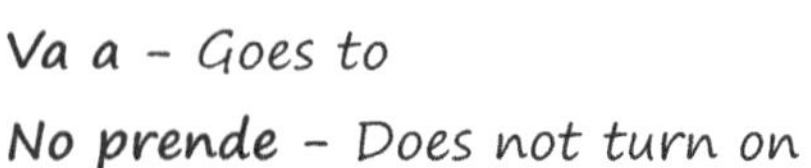
Va a - *Goes to*

No prende - *Does not turn on*

Camina - Walks
Parada de bus - Bus stop

En la parada de bus hay: un turista estadounidense, una panadera, un payaso, un torero y dos periodistas.

¿Alguien me puede decir quien es... Rodolfo Llinás?

Alguién me puede decir quién es - *Can someone tell me who is*

Por favor, no me digan que es el nombre de - *Please, don't tell me it's the name of*

O - *Or*

Pregunta difícil - *Difficult question*

Las personas no responden... (Es una pregunta difícil).
¿?
¿?
¿?
¿?
¿Alguien me puede decir quién es Shakira?
Por favor, no me digan que es el nombre de una escuela o de un hospital.

Fácil - *Easy*

Yo sé - *I know*

Por favor, todos sabemos que es una cantante famosa – Please, we all know that she is a famous singer.
Ganaste – You won

It´s not fair.
¡No es justo!

¡Gracias!

¡De repente <u>aparece</u> un criminal y roba el dinero!

Aparece – *Appears*

Capítulo 7
"La Señora que hace brujería"

Quiere capturar – *Wants to capture*

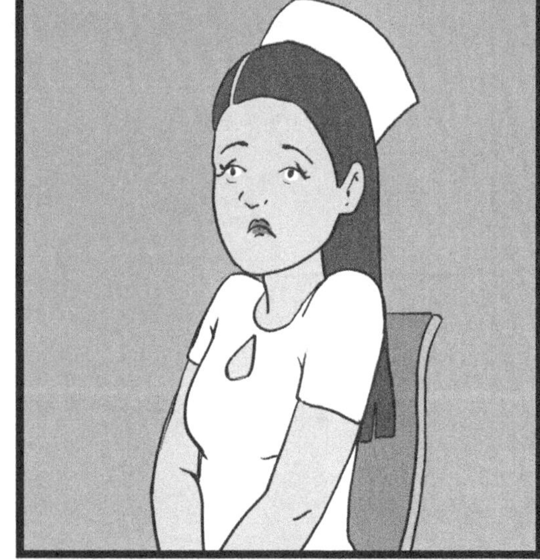

Habla con - Talks with

Escribe - Writes

Por el momento es todo lo que puedo hacer - For the moment it's all I can do.

Puede solucionar - Can solve

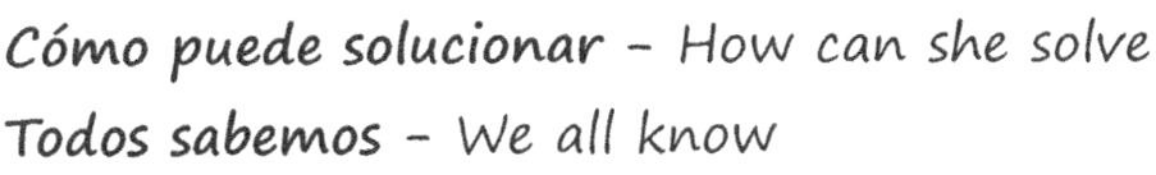

Cómo puede solucionar - How can she solve
Todos sabemos - We all know

En la fila - In line

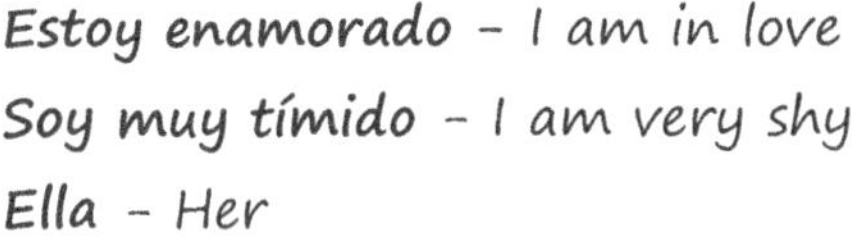

Estoy enamorado – *I am in love*
Soy muy tímido – *I am very shy*
Ella – *Her*

Pone sus manos sobre el carrito de helados – *Puts her hands on top of the ice cream cart.*
Mientras él le ofrece – *While he offers her*

Fresa - Strawberry

Necesito ayuda - *I need help*

Sonríe - *Smiles*

Sobre una mesa - *On top of a table*

Agarra - *Grabs*

Sin mirar - *Without looking*

Le da - *Gives*

No siente nada – *Doesn't feel anything*

Tarda doce horas en tener efecto – *It takes twelve hours to take effect.*

Tira - Throws
Basura - Trash

Quiero contagiar alegría - *I want to spread happyness.*

Buscando - Searching

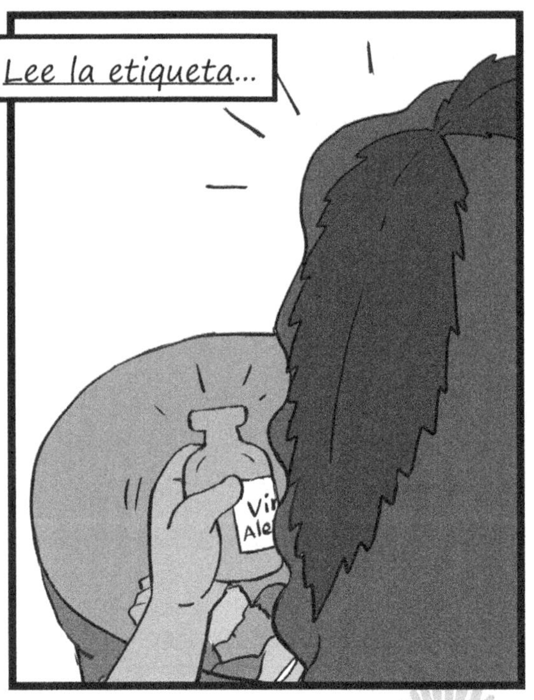

Saca - *Pulls out*

Lee la etiqueta - *Reads the label*

Cometió un error – Made a mistake

Hoy no tengo – Today I don't have

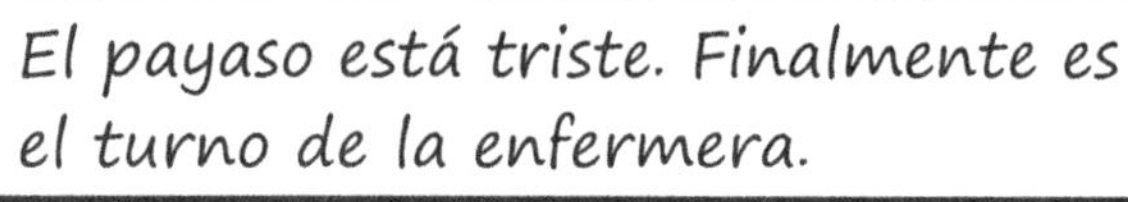

Por unos segundos – *For a few seconds*

La señora que hace brujería cierra los ojos.
Ve en su imaginación al criminal entrando a una casa.
5-97
El criminal se llama Pedro López Castaño y vive en la casa 5-97.

De inmediato - *Immediately*

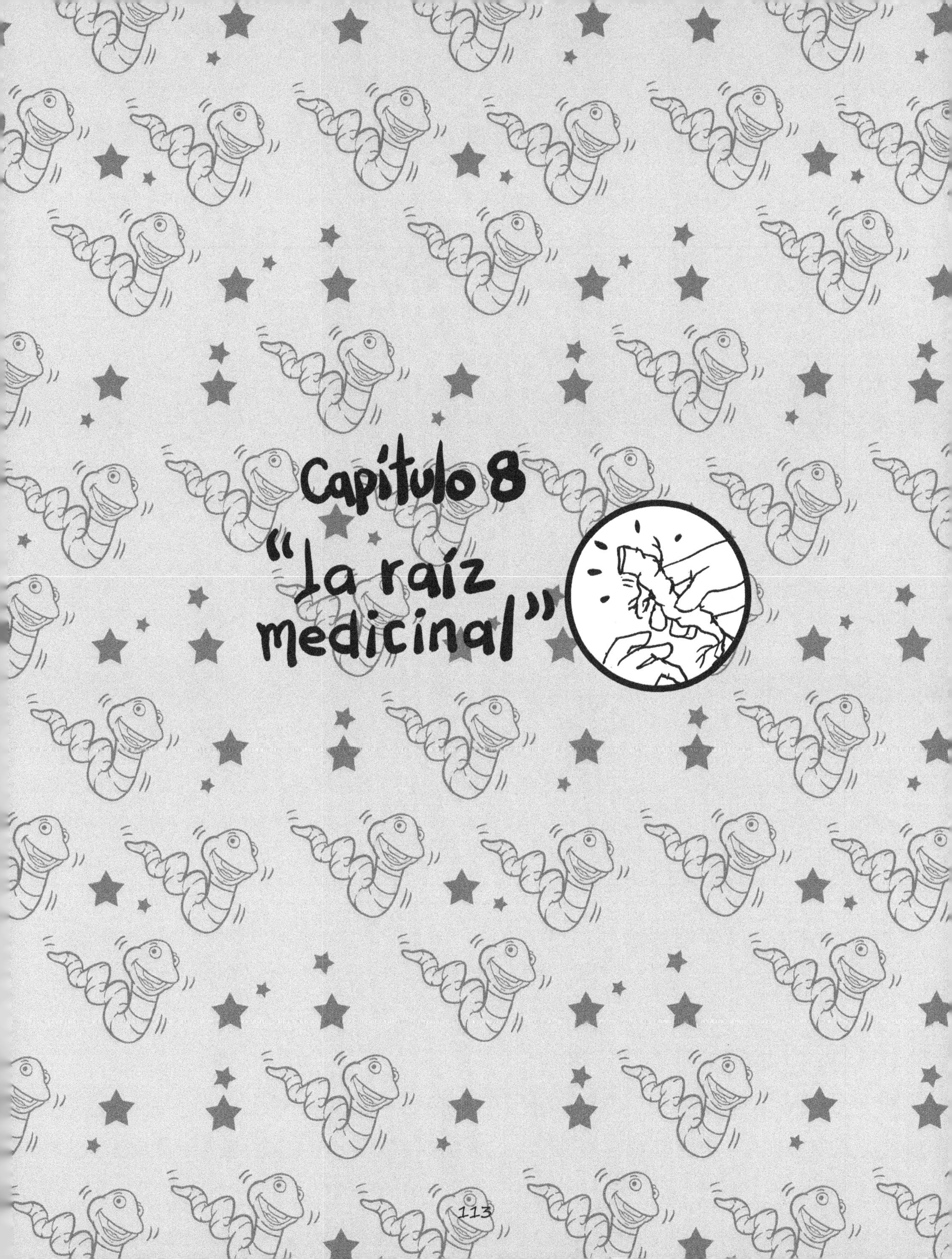
Capítulo 8
"La raíz medicinal"

Calles de - *Streets of*

De repente, el doctor ve al paciente número trece hablando con la señora que hace brujería...

¿?

Estoy enfermo – *I'm sick*

No quiero – *I don't want*

Raíz – *Root*

Abre la boca - *Opens his mouth*

¡No, no, no!
¡Esto no es
medicina real!

Y tira la raíz...

BASURA

La señora que hace brujería está furiosa.

¡Está muy furiosa!

El doctor llega con el paciente número trece al hospital.
URGENCIAS
HOSPITAL

La enfermera recibe el paciente.

Sombra - Shadow

Se voltea – *He turns*

¡Qué miedo! – *How scary!*

La señora que hace brujería, le tira un polvo mágico al doctor.

Polvo - Powder

¡El doctor desaparece!

¡PUFF!

Capítulo 9
"El Virus"

Salón de clases - *Classroom*

Alguién me puede decir - Can someone tell me

GABRIEL GARCÍA MÁRQUEZ
¡Yo!
¡Yo!
¡Yo!
¡Yo!
¡Yo sé!
¡Yo profe!

¡Marcos!

Profe, por favor. ¡Todos sabemos que es un escritor famoso!

Ahora vamos a - *Now let's*

Se siente - *Feels*

Está haciendo efecto - *Is taking effect*

Empieza a - *Start to*

No puede controlar su cuerpo - *She can't control her body*

GABRIEL GARCÍA MÁRQUEZ
¡La profesora baila!
¿? ¿? ¿? ¿? ¿? ¿?

¡TOC-TOC!

Los estudiantes están sorprendidos, y confundidos.

¿? ¿? ¿? ¿? ¿?

Señala con la boca – Points with his mouth

Dedo – Finger

•Cultura: *In Colombia and other parts of Latin America, it is common to point with the lips.*

Es feliz... ¡como una lombriz! - Is happy as a worm!

Se asoman - They peek

Qué le pasa a - What is happening to

¡Ahora Marcos y Juan Pablo bailan!

¿Qué? ¡Increible! Todos los estudiantes están contentos y bailan. ¡Qué extraño!

ESCUELA
¡La profesora sale de la escuela bailando!

La ve - *He/She sees her*

¡Es feliz hasta la raíz! - *Is happy to the root!*

De repente el pesista se siente contento...
¿?

Y no puede controlar su cuerpo. ¡Su cuerpo se mueve!

La ven los arrrieros...
¿?
¿?

Los arrieros piensan que está loca...

¿Qué? Los arrieros se sienten contentos.

Y no pueden controlar sus cuerpos. Sus cuerpos se mueven.

¡Los arrieros bailan y las mulas bailan!
¡Qué extraño!

La ve el vendedor
de frutas...

El vendedor de frutas
piensa que está loca.

No importa que nadie comprenda. La profesora baila porque está contenta. ¡Es feliz como una lombriz!

De repente, el vendedor de frutas se siente feliz.

Y no puede controlar su cuerpo. Su cuerpo se mueve.
¿?

¡El vendedor de frutas baila!

La ve el pintor..

El pintor piensa que la profesora
está loca.

No importa lo que piense el pintor. La profesora baila porque está contenta. Es feliz hasta la raíz.

De repente, el pintor se siente contento.

Y no puede controlar su cuerpo.
Su cuerpo se mueve.

¡El pintor baila!

La ve el carnicero..

¡La profesora está loca!

No importa lo que diga el carnicero. La profesora baila porque está contenta. ¡Es feliz hasta la raíz!
¿?

¿Qué? ¡El carnicero se siente feliz!

Y no puede controlar su cuerpo.

Su cuerpo se mueve. El carnicero baila ¡Qué extraño!

La ve el taxista y el heladero.
TAXI
SERVICIO PÚBLICO
IHH 34

La ve el criminal y el policía.
La ve la señora que hace brujería.
La ve el perro y el veterinario.

La ve el turista estadounidense...
Y el payaso del vecindario.
La ve el carpintero.
La ve el torero.
BUSCO EMPLEO

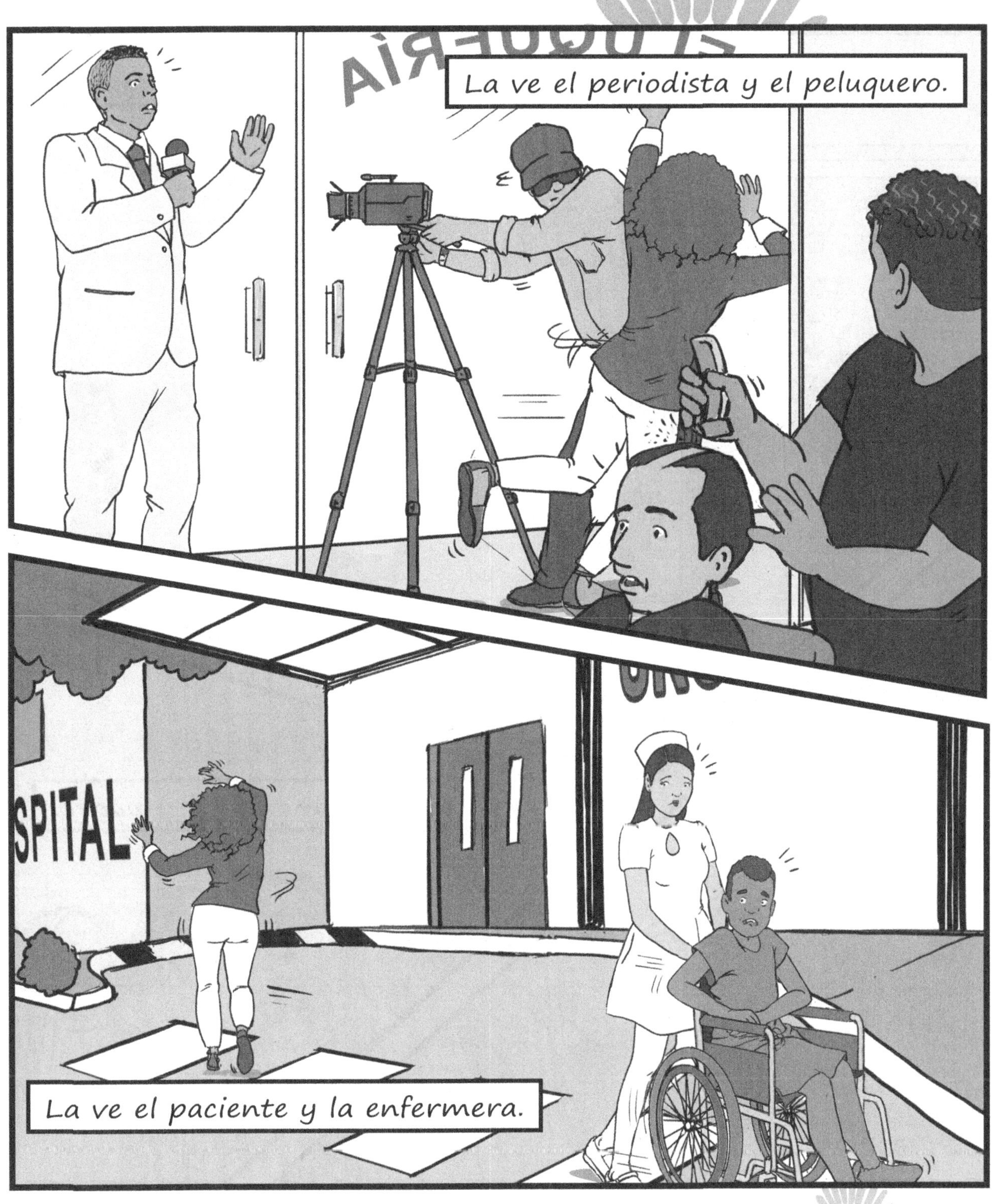
La ve el periodista y el peluquero.
SPITAL
La ve el paciente y la enfermera.

La ven los bomberos y la panadera.
La ve la secretaria.
La ven las monjas y el padre.

La ve el muerto
en la funeraria.

Nadie puede – *No one can*

Todos -Everyone

¡La alegría es contagiosa! ¡La alegría es un virus contagioso!
¡FIN!

Vocabulario

A

Abre – Opens
Aburrida – Bored
Aeropuerto – Airport
Agarra – Grabs
Ahora - Now
Al – To
Alegría – Happiness
Alguien - Can someone
Apaga – Turns off/Puts out
Aparece – Appears
Arriero – Muleteer
Asoman – They peek
Avenida – Avenue
Ay no – Oh no
Ayuda – Help

B

Baila – Dances
Bailando – Dancing
Basura – Trash
Bienvenidos – Welcome
Bombero – Firefighter
Brujería – Witchcraft
Buenas tardes – Good afternoon
Busca – Searches
Buscando – Searching
Busco empleo – Looking for employment

C

Calles – Streets
Camina – Walks
Cantante – Singer
Capturar – To capture
Carnicero - Butcher
Carrito – Cart
Casa – House
Cierra – Closes
Comer – To eat
Comerse – Eat
Cometió – Made
Como - Like
Cómo – How
Comprendo – I understand
Contactos – Contacts
Contagiar – To spread
Continúa – Continues
Controlar – To control
Convento – Convent
Corre – Runs
Cuerpo – Body

D

Dar – To give
De - Of
De nuevo - Again
De pronto - Suddenly
De repente – Suddenly
Decir – Tell
Desaparece – Disappears
Diferentes – Different
Difícil – Difficult
Diga – Says
Digan - Tell
Dinero – Money
Doce – Twelve
Dónde está – Where is

E

Escuchan – They hear
Efecto – Effect
Él – He
Ella – Her
Empieza – Starts
En - In
Enamorado – In love
Enfermera – Nurse
Enfermo – Sick

Entra – Enters
Entrando – Entering
Eres – You are
Error – Mistake
Escapar – To escape
Escribe -Writes
Escritor – Writer
Escucha – Hears
Escuela – School
Está – Is
Está aburrida – Is bored
Está contenta – Is happy
Está feliz – Is happy
Está furiosa – Is furious
Está loca - Is crazy
Está mal – Is not well
Está muerto – Is dead
Estación – Station
Estadounidense – American
Están – They are
Esto – This
Estoy – I am
Etiqueta – Label

F

Famosa – Famous
Felices - Happy
Feliz - Happy
Fila – Line
Finalmente - Finally
Fresa – Strawberry
Fresco - Fresh
Frustrada – Frustrated
Frutas – Fruits
Funeraria – Funeral home

G

Ganaste – You won
Gracias – Thank you
Grupo – Group

H

Habla – Talks
Hablando – Talking
Hace – Does
Hacer – To do
Hay – There is
Heladero – Ice cream man
Helado – Ice cream
Hola - Hi
Hora - Time
Hoy – Today

I

Importa – Matters
Inyecciones – Injections

J

Juega – Plays
Juegan – They play
Jugando – Playing

L

La ve – S/He sees her
Las - The
Le da – Gives
Lee – Reads
Líquido – Liquid
Literatura – Literature
Llama – calls
Llega – Arrives
Lleva – takes
Lo que – What
Lo siento – I'm sorry
Lo ve – S/He sees him
Loca - Crazy
Lombriz – Worm

M

Mágico – Magical/Magic
Mañana – Tomorrow
Mesa – Table
Miedo – Fear
Mientras – While
Monja - Nun
Montañas – Mountains
Moto – Motorcycle
Muchas - Many
Muerto – Dead
Mueve – Moves
Música – Music
Muy – Very

N

Nada – Nothing
Nadie – No one
Necesito – I need
Nervioso – Nervous
Niños – Kids
No importa – It doesn't matter
No me digan – Don't tell me
No puede – Can't
No sé – I don't know
No soy – I'm not
Nombre – Name
Número – Number

O

Ofrece – Offers
Ofrécele – Offer her
Ojos – Eyes
Operaciones – Surgeries
Otra vez – Again

P

Pacientes – Patients
Padre – Priest
Pan – Bread
Panadera – Baker
Panadería - Bakery
Parada de bus – Bus stop
Payaso – Clown
Peluquero – Barber
Pequeño – Little
Periodista – Reporter
Perro – Dog
Persigue – Chases
Personas – People
Pesista – Weightlifter
Piensa – Thinks
Piensen – They think
Pintor – Painter
Pociones – Potions
Polvo – Powder
Pone – Puts
Por favor – Please
Porque – Because
Pregunta – Question
Prende – Turns on
Prepara – Prepares
Profesiones - Professions
Pueblo - Town
Puede – Can

Q

Qué - What
Qué asco -How disgusting
Qué miedo – How Scary
Quién - Who
Quiere – Wants
Quiero – I want
Quiero ser – I want to be

R

Raíz – Root
Rápidamente – Quickly
Recibe – Receives
Reporte – Report
Responde - Responds
Roba – Steals
Robó – Stole

S

Sabemos – We know
Sala – Room
Sale – Leaves
Salón – Room
Se llama – Named
Se mueve – It moves
Se siente – Feels
Segundos – Seconds
Señala – Points
Señora – Lady
Ser – To be
Siente – Feels
Sin mirar – Without looking
Sobre – On top of
Solucionar – To solve
Sombra – Shadow
Sonríe - Smile
Sorprendido – Surprised
Soy – I am
Su – her/his

T

También – Also
Taxista – Taxi driver
Tengo – I have
Tienen – They have
Tímido – Shy
Tira – Throws
Todo – All
Todos- Everyone/All
Toma – Drinks
Torero – Bullfighter
Trabajos - Jobs
Trece – Thirteen
Tres – Three
Turista – Tourist
Turno – Turn

U

Un - A
Una – A

V

Va a – Goes to
Ve – Sees
Vendedor- Vendor
Videojuegos – Videogames
Viven – They live
Voltea – Turns

Y

Y - And
Yo – Me/I
Yo sé – I know
Yo soy – I am

Check out the video on our website: **spanishcuentos.com**

Made in the USA
Las Vegas, NV
11 June 2024

90987971R00096